George Picot

La liberté individuelle

Essai

ISBN : 978-1723531590

10 9 8 7 6 5 4 3 2 1

George Picot

La liberté individuelle

Essai

Table de Matières

Nous vivons en vérité, dans une étrange quiétude. Les lois pénales, dont l'application est destinée à faire régner l'ordre dans la société, qui punissent la violence contre les propriétés et les personnes, qui frappent le voleur, l'escroc et le faussaire, qui châtient celui qui blesse aussi bien que celui qui tue, ces lois qui semblent avoir tout prévu, n'ont rien établi d'efficace contre les atteintes portées au préjudice du citoyen au nom de l'État ou de ses mandataires. Qu'un voisin usurpe son champ, le propriétaire est assuré de trouver des juges. Qu'un incendiaire mette le feu à son bois, qu'une bande pille sa maison, il appelle les gendarmes, qui accourent à son aide, et la certitude qu'il a de les voir accourir est le caractère propre d'une société réglée. Mais, qu'il s'agisse d'un délégué de l'autorité, d'un commissaire de police agissant par ordre supérieur, que ce fonctionnaire s'empare d'un immeuble, l'occupe, ou le ferme, appose les scellés et enlève les clefs, qu'il procède à une arrestation, qu'il opère une visite domiciliaire, qu'il emporte les papiers les plus intimes, les lettres les plus précieuses ou les plus banales, qu'il saisisse toute une correspondance à la poste, qu'il éveille par ses actes les soupçons les plus injurieux et porte un préjudice considérable à la réputation ou aux affaires, le citoyen lésé ne pourra invoquer que des textes douteux, une jurisprudence contestée, et la réparation, s'il peut jamais l'obtenir, sera aussi tardive qu'inefficace.

C'est là une situation intolérable, et qui, pourtant, se prolonge depuis un siècle. Il est plus que temps de l'examiner, en indiquant son origine ; en constatant la nature du mal ; et en recherchant, surtout, le remède qu'il comporte.

Section I

Ceux de nos contemporains qui protestent contre les actes dont nous sommes témoins, depuis un an, obéissent à l'indignation la plus légitime et accomplissent un devoir. Ils ont raison de dire que jamais le pouvoir n'a agi avec plus de brutalité ; que les projets de lois sont inspirés et imposés par l'esprit sectaire ; que, grâce à de misérables raffinements, la procédure parlementaire, destinée à protéger la liberté de discussion, est mise en œuvre pour l'étouffer ; que le Parlement, transformé en cour de justice, refuse le droit d'être défendus à ceux qu'une majorité intolérante a d'avance condamnés ; que les lois, votées avec une coupable étourderie, contiennent des pièges ; que le gouvernement, non content d'obtenir des Chambres des lois violentes, en aggrave la portée en les violant, et qu'ainsi la puissance publique, dont la tâche est d'entretenir la paix, trahit sa mission en portant le trouble dans les âmes et la guerre dans les rues. Tout cela est vrai et nul ne peut le nier. Mais si, dans leur émotion, ceux qui se plaignent vont jusqu'à dire qu'avant le gouvernement actuel, il existait des lois protectrices de la liberté individuelle et de l'inviolabilité du domicile, et que ces lois sont méconnues, nous nous permettrons de répondre qu'ils sont victimes d'une complète illusion : portant en eux-mêmes un idéal de justice, ils croient le voir dans notre législation, tandis que nos Codes, nos Lois organiques, et notre Constitution n'ont rien fait pour élever autour de nous un rempart qui protège nos personnes.

Pour qui essaye de réfléchir, de s'éloigner de l'arène afin de regarder d'un peu plus haut la mêlée, il est peut-être heureux que nous subissions une si brutale application des lois. Il n'y a plus d'illusion possible. Le voile est déchiré. S'il y a encore dans notre race, faite de loyauté et de franchise, quelque respect du droit, nous assisterons avant peu à un effort pour introduire dans nos institutions des garanties. Déjà, de divers côtés, des propositions de lois sont déposées, des études entreprises, des livres publiés qui révèlent des préoccupations auxquelles nous n'étions pas habitués [1].

Mais, s'il faut aider, par tous les moyens qu'offrent la parole et la presse, à ce mouvement tout nouveau des esprits, il est également nécessaire de mesurer à quel ennemi nous avons affaire. Ceux qui croient à une réforme aisée, semblable à toutes celles qu'ont vues nos révolutions plus ou moins superficielles, n'ont pas la moindre notion du sens de notre histoire.

Les droits individuels, en France, ont toujours été très faibles. Tout notre développement national, qui présente une suite incomparable, nous montre l'effort de vingt générations voulant assurer l'ordre et l'unité. Pendant sept cents ans, de Hugues Capet à Louis XIV, nous assistons aux manifestations les plus variées d'une même idée poursuivie par l'accord commun du roi et du peuple, l'un et l'autre voulant substituer au fractionnement de tous les pouvoirs leur concentration, l'un et l'autre rêvant l'unité qui aboutira à la monarchie administrative, c'est-à-dire à la constitution de l'Etat sous sa forme la plus puissante. A cet objet, le Tiers Etat était prêt à tout sacrifier, même ses droits, tant il était convaincu que, son seul ennemi étant la diversité et l'oppression féodales, le roi, résolu à contenir la noblesse, serait toujours son allié. Tandis qu'en Angleterre, les barons, soutenus par le peuple, montaient à l'assaut de la royauté, limitaient ses pouvoirs et devenaient populaires parce qu'ils défendaient la liberté de chacun qui formait les libertés de tous, en France, l'idée générale absorbait tout ; nul souci de l'individu et de ses droits : du XIIIe au XIVe siècle, dans la crise de notre formation moderne, la création d'un pouvoir fort, mettant fin à toutes les diversités locales, est une idée fixe. La poursuite des garanties qui font un peuple libre n'apparaît que comme le résultat d'une volonté intermittente qui interrompt de date en date la prescription, empêche l'oubli en montrant un idéal, honore l'élite, réserve l'avenir, mais ne fonde rien.

On a dit que les mœurs étaient plus fortes que les lois : elles se sont montrées plus fortes que les révolutions. Ni 1789, ni les constitutions qui l'ont suivi, n'ont tenté d'établir les droits de l'individu sur des bases solides. La génération qui faisait la Révolution avait de plus pressants soucis : faire triompher le vœu héréditaire du Tiers Etat en proclamant l'égalité civile, assurer la participation du pays à ses propres affaires en décrétant le vote annuel de l'impôt et la délibération des lois par les représentants du peuple, voilà les principes qui, depuis 1815, n'ont pas été contestés.

Mais la liberté individuelle, qu'a-t-elle gagné depuis l'ancien régime ?

Elle a été partout proclamée, inscrite dans nos constitutions, écrite dans nos codes, mais, en réalité, elle était méconnue. Les textes n'ont été qu'une apparence : derrière cette façade, le monument n'existait pas ; c'était un mensonge officiel. Les cahiers des Etats généraux avaient été unanimes, et Clermont-Tonnerre, rendant compte à l'Assemblée constituante des vœux qu'ils contenaient, avait pu dire : « La nation réclame, dans toute son étendue, la liberté individuelle. Les agents de l'autorité sont responsables. La liberté individuelle est sacrée. » Les rédacteurs de la *Déclaration des droits* s'imaginèrent qu'ils avaient trouvé une formule précise en disant : « Nul ne peut être arrêté ou emprisonné qu'en vertu de la loi, avec les formes qu'elle a prescrites et dans les cas qu'elle a prévus (art. 17). » Vaine promesse, qui ne présente en elle-même aucune valeur ; qui est rassurante si la loi est précise, si les formes sont protectrices, si les recours sont assurés ; qui ne met obstacle à aucune violence légale ; qui laisse passer les décrets de la Convention comme les prisons d'État du premier Empire, les cours prévôtales aussi bien que la loi de sûreté générale.

N'essayons donc de trouver des garanties ni dans des textes accumulés à l'heure où, entre les prisons et l'échafaud, les accusés n'avaient d'autre juge que le Tribunal révolutionnaire ; ni dans les décrets du Consulat, alors que la constitution de l'an VIII investit le gouvernement du droit d'arrestation « par mesure de police, » ni dans les codes de l'Empire ; qui organise à grand bruit, au sein du Sénat, une commission de la liberté individuelle, afin de faire oublier l'établissement de huit prisons d'État ; ni sous la Restauration, où les lois du 29 octobre 1815 et du 26 mars 1820 confèrent au pouvoir le droit d'arrêter et de détenir, sans renvoi devant les tribunaux, les individus inculpés de certains délits politiques, ni, enfin, sous le second Empire où, en pleine paix, six ans après le coup d'Etat, la loi du 27 février 1858 permettait « d'interner ou d'expulser du territoire, par mesure de sûreté générale, » toute une catégorie de Français « que des faits graves signaleraient de nouveau comme dangereux pour la sûreté publique. »

Il ne s'agit pas ici d'évoquer ces souvenirs pour la satisfaction de montrer quel démenti donnent aux plus pompeuses déclarations les passions de parti à l'heure où elles triomphent. Ce qu'il faut retenir, c'est que chaque gouvernement a cru de bonne foi, lorsqu'il se sentait le maître du pays, qu'il accomplissait son devoir, et qu'en suspendant la liberté individuelle, il assurait le salut public. Et, ce qui est bien autrement grave, en chacune de ces crises, au moment où le Consulat, l'Empire, la Restauration prenaient ces mesures extrêmes, l'opinion publique les absolvait !

Ne cherchons pas ce que l'opposition, devenue triomphante, a dit, quelques années plus tard, d'actes qu'elle s'attachait à flétrir. Prenons la date de ces décrets, de ces lois ; et constatons que le premier Empire était indiscuté ; que les ministres de la Restauration disposaient dans les Chambres de majorités imposantes, que les plébiscites assuraient au second Empire la force d'une quasi-unanimité, et que la violation de la liberté individuelle n'a été, pour aucun de ces gouvernements, ni la cause de la chute, ni le grief populaire. La masse de la nation est presque toujours du côté du pouvoir ; elle n'aime pas les victimes ; ses regards s'en détournent ; elle y voit une tristesse et une impuissance ; elle aime avant tout la force et elle a la passion de l'autorité. Elle est enivrée de la toute-puissance de l'Etat. Quand on lui parle de limiter les droits des fonctionnaires, elle sent se réveiller en elle, par une sorte d'atavisme, d'anciennes ardeurs qui la poussaient jadis à fortifier les droits du roi et à les augmenter sans cesse par une sorte d'épargne héréditaire dont, grâce au dogme proclamé de la souveraineté du peuple, le capital lui est échu. Il est donc permis d'affirmer que la défense de la liberté individuelle, la recherche d'une garantie protégeant les droits des citoyens sont les soucis, non de la foule, mais de ceux qui prévoient et qui pensent.

Section II

L'origine du mal ne suffit pas à nous éclairer, il faut voir quelle est sa nature.

On a dit, sous une forme qui est devenue un axiome, que la liberté des citoyens n'était jamais plus menacée que dans les procès criminels.

Cette vérité éclate quand on mesure les pouvoirs du juge d'instruction ; tous ceux qui étudient nos lois et qui les jugent n'hésitent pas à les trouver exorbitants : du jour où il est saisi par le réquisitoire du parquet, il a le droit de lancer des mandats d'arrestation, non seulement contre l'inculpé désigné, mais contre tout individu ; il peut requérir tout agent de les mettre à exécution par tous les moyens [2].

Le mandat de dépôt, signé de lui, est le point de départ d'une détention préventive dont lui seul fixe la durée. Contre la prolongation de l'instruction, aucun recours ne s'ouvre, car nul ne peut appeler recours une supplique au procureur général ou au garde des Sceaux. Pour se pourvoir, il faut que le juge ait rendu une ordonnance. Or, un mandat d'arrestation ou de perquisition, une visite domiciliaire, une saisie de lettre à la poste, ne constituent pas en eux-mêmes des actes susceptibles de recours légal et direct devant la Chambre des mises en accusation. Le nombre d'actes que peut prescrire un magistrat instructeur, sans que s'ouvre pour l'inculpé ou pour les tiers un moyen de les contester et de s'en plaindre, est véritablement effrayant. Un des premiers criminalistes de notre temps, M. Faustin Hélie, avait raison d'en être épouvanté, et il n'est pas un magistrat, digne de ce nom, qui, s'il a été investi de ces fonctions, hésite à avouer qu'il n'est pas, pour la conscience, de poids plus redoutable. Maîtres de la liberté individuelle par les mandats, des propriétés par les saisies, du secret des familles par les lettres interceptées, les juges d'instruction ont, dans leurs mains, la personne des citoyens, leur honneur et leur vie.

Tous ces pouvoirs ont été dévolus au juge, parce qu'en qualité de magistrat inamovible, il inspire confiance ; interprète des lois, il appartient à un corps chargé de les appliquer ; son devoir est de les connaître ; sa mission, d'étudier les hommes et les faits. On répète que la garantie du juge est son indépendance : il est plus vrai de dire qu'en dehors des qualités morales, des vertus de caractère qui seules font le juge, la garantie la plus efficace est le lien entre les membres d'une même compagnie judiciaire ; l'abus, de pouvoir que, par ambition, oserait concevoir un isolé, un juge ayant l'esprit de corps n'a pas l'audace de l'accomplir.

Que penser alors d'une loi qui investirait de tous les pouvoirs du juge d'instruction des fonctionnaires politiques ?

C'est pourtant ce qu'a fait la législation française depuis cent ans ! Tout ce que peut le juge d'instruction, tous les droits que nous venons d'énumérer et dont l'étendue fait trembler, les 86 préfets de France les possèdent personnellement : mandats d'arrestation, visites domiciliaires, saisies de lettres, ils peuvent, d'un trait de plume et sous leur signature, tout prescrire, tout ordonner. Rien ne les a préparés à user de nos lois criminelles, et ils ont tous les pouvoirs du juge d'instruction. Ne relevant que du ministère de l'Intérieur, recevant ses ordres, n'étant que des agents d'exécution, ils ont en mains la liberté des citoyens ; personnages politiques, ils dépendent des ministres les plus éphémères, et n'ont pas l'idée d'une résistance possible ; que le ministère soit entre les mains de violents et de sectaires, il n'y a pas de limite aux actes de persécution qui peuvent être accomplis.

L'article 10 du Code d'instruction criminelle est ainsi conçu :

« Les Préfets des départements et le Préfet de police à Paris pourront faire personnellement, ou requérir les officiers de police judiciaire, chacun en ce qui le concerne, de faire tous actes nécessaires à l'effet de constater les crimes, délits et contraventions et d'en livrer les auteurs aux tribunaux chargés de les punir. »

Ce texte, qui ne prête à aucune équivoque, qui investit les préfets d'un droit personnel et illimité, a été précisé avec plus de clarté, s'il est possible, par la jurisprudence [3], qui a déclaré que le préfet pouvait accomplir tous les actes qui sont de la compétence du juge, d'instruction.

A cet article du Code se rattache toute une histoire, qui contient l'image et le résumé de nos révolutions.

Parmi nos législateurs de la Révolution, dès le début, nous voyons deux tendances. Les uns croyaient au droit, les autres à la force. A ceux qui voulaient inscrire dans la législation nouvelle des textes protégeant la liberté répondaient les défenseurs de mesures qui permettaient de la violer : ils soutenaient que la sécurité publique serait en péril si le gouvernement n'était investi des moyens d'assurer l'ordre en échappant aux prescriptions de lois libérales par des actes de haute police. Tout d'abord, l'inspiration de 1789 l'emporta : les lettres de cachet venaient d'être supprimées. La Constitution de 1791 contient la prescription la plus formelle : « Nul homme, disait-elle, ne peut être saisi que pour être conduit devant l'officier de police, et nul ne peut être mis en arrestation ou détenu qu'en vertu d'un mandat des officiers de police, d'une ordonnance de prise de corps d'un tribunal, d'un décret d'accusation du Corps législatif, dans le cas où il lui appartient de le prononcer, ou d'un jugement de condamnation à prison. »

L'énumération était précise ; mais les meilleures lois sont impuissantes contre l'anarchie générale : quand le désordre est partout, on s'en prend à elles de ce qu'elles ne peuvent empêcher.

En 1791, il se trouvait des royalistes qui assuraient que le droit d'arrestation aurait permis à la royauté d'enrayer la Révolution. Chaque parti croyait si bien à la force, que la Convention inscrivit dans la Constitution de l'an III le droit, pour le pouvoir exécutif, de détenir les individus suspects de quelques machinations contre le gouvernement ; mais on limitait ce droit à deux jours seulement ; à l'expiration de ce délai, l'officier de police devait être saisi.

Au milieu des violences et du sang, il n'y avait plus de lois. Quand elles reparurent, le Consulat leur demanda le droit d'arrêter et de *détenir pendant dix jours* les individus coupables de conspiration contre l'Etat (art. 46 de la Constitution de l'an VIII). Deux ans plus tard, le Premier Consul, jugeant le délai insuffisant, décida que le maintien en prison peut être illimité et chargea le Sénat de fixer, par des décisions spéciales, la durée de la détention (art. 55 du Sénatus-consulte organique du 15 thermidor an X). A l'avènement de l'Empire, la protection de la liberté individuelle est solennellement confiée au Sénat, auquel pourra s'adresser tout individu se plaignant de sa détention (Sénatus-consulte du 28 floréal an XIII). Étrange ironie, à l'heure où allaient s'élever huit prisons d'Etat !

Ni la faculté des dix jours, ni la complaisance du Sénat ne suffisaient à l'omnipotence impériale. Dès les premières délibérations du Code d'instruction criminelle, nous voyons naître la pensée de mêler les préfets à l'administration de la justice. Au sein du Conseil d'État, Cambacérès, Treilhard, l'Empereur lui-même, parlaient à tout propos de la séparation des pouvoirs : ce principe, invoqué sans cesse afin de protéger l'administration contre l'immixtion de l'autorité judiciaire, était méconnu quand il fallait protéger le juge contre l'ingérence des préfets. L'article 10 avait tous les mérites : il donnait à la puissance administrative l'initiative de l'action judiciaire ; l'investissait d'une concurrence de juridiction ; et, sous cette apparence régulière, qui semblait la rattacher à une hiérarchie, il ménageait tous les moyens d'exécuter, sur toute l'étendue du territoire, sans se soucier des procureurs généraux, les ordres du ministère de la Police.

Avec la chute de l'Empire, commença le déclin du pouvoir préfectoral. L'avènement du gouvernement constitutionnel, l'adoucissement progressif des mœurs, le rapprochement des distances, les désordres publics de plus en plus rares avaient peu à peu changé le caractère du préfet : représentant du gouvernement, il administrait du fond de son cabinet et ne conservait de ses qualités militantes que ce qu'il fallait pour descendre de temps à autre dans l'arène électorale. Mais le péril des lois arbitraires est de ne pouvoir se laisser oublier : l'arme était en réserve ; il suffisait qu'elle fût prête à servir pour que, sur l'ordre du ministre de l'Intérieur, elle fût tirée de l'arsenal. La monarchie de Juillet, qui n'en usa pas, eut le tort de croire à la désuétude : c'est l'illusion et la faute des gouvernements honnêtes. L'Empire s'en servit largement, mais, grâce au silence universel, il n'en resta nulle trace : seuls, les magistrats se souviennent que, parmi les envois quotidiens de détenus arrêtés par la Préfecture de police, ils en trouvaient dont l'arrestation remontait à quatre, cinq, dix et vingt jours, toute une information ayant été conduite après les arrestations par l'initiative des commissaires. Mais l'arbitraire n'émeut personne, — c'est, il faut le reconnaître, une faiblesse de tous les temps, — lorsqu'il porte sur les inculpés de délits de droit commun. Qui ne se souvient, au contraire, des fameuses saisies administratives contre lesquelles s'éleva la voix des Dufaure et des Berryer ? C'est en vertu de l'article 10 que les feuilles autographiées des *Vues sur le gouvernement de la France*, par le duc de Broglie, étaient confisquées en 1861. C'est en vertu du même texte que les exemplaires de l'*Histoire des Princes de Condé au XIVe siècle* étaient emportés et conservés pendant quatre ans dans les caves de la Préfecture de police, malgré les réclamations du Duc d'Aumale.

Nos querelles politiques, depuis trente ans, ont fait rentrer en scène l'article 10. Les journalistes en ont éprouvé les rigueurs sous le Seize-Mai : la période de l'exécution des décrets de 1880 a donné lieu à des incidents ; puis, tout d'un coup, après de longues années d'oubli, en 1899, en pleine paix, nous voyons le gouvernement faire, en un moment d'affolement, un usage désordonné de ses pouvoirs de police. Le 25 février 1899, il multiplie les visites domiciliaires, pratique des perquisitions, fait des saisies de papiers (voir *le Temps* du 27 février), et ne saisit le parquet qu'à la fin de mars (le réquisitoire introductif est du 1er avril) ; puis, six mois après, quand il juge utile de reprendre l'affaire Déroulède, il ne s'adresse pas à la magistrature, qui, certes, ne refusait pas son concours, il ne demande pas au parquet de requérir des instructions. Ces moyens légaux sont à la portée des plus simples. Aux grands politiques conviennent les coups de théâtre. L'arbitraire, c'est son signe, se plaît aux mises en scène. Dans la même nuit du 11 au 12 août, par ordre de M. Waldeck-Rousseau, président du Conseil, les préfets, dans les départements, et, à Paris, M. Blanc, préfet de police, font procéder à une série considérable d'arrestations et de perquisitions [4]. On assure que 75 personnes furent arrêtées au milieu de la nuit. On pratiqua plus de cent visites domiciliaires sur différents points de la France. La plupart des détenus ayant été relâchés après un mois ou six semaines de détention, les autres furent renvoyés devant la Haute Cour, qui ne condamna que trois d'entre eux.

L'année 1902 devait voir des scènes bien autrement violentes. En vertu de quels pouvoirs agissaient les délégués des préfets, les commissaires de police qui menaçaient les écoles, faisaient crocheter les serrures et sauter les portes, expulsaient et arrêtaient les religieuses ? En vertu de quel droit agissaient-ils ? L'ordre venait, on le sait, du ministère de l'Intérieur ; mais, à moins de vivre sous le régime du despotisme turc, l'ordre n'a jamais fait le droit. Entre le ministre qui de Paris lance une injonction arbitraire et l'agent subalterne qui l'exécute, se place le préfet qui, armé de l'article 40, couvre tout. Ce qui était une violation de la liberté individuelle, une atteinte à l'inviolabilité du domicile, une méconnaissance du droit de propriété, tout cela est-il absous, tous ces crimes sont-ils effacés parce que le préfet, maître de toutes les armes de la loi pénale, aura invoqué le Gode d'Instruction criminelle ?

Si l'abus éclatant d'un texte de loi doit en faire condamner l'usage, ce qui s'est passé depuis quatre ans est fait pour ouvrir les yeux aux plus aveugles. Dans un pays où le gouvernement appartient à l'opinion, où la majorité qui gouverne est essentiellement changeante, quel est le parti qui puisse se croire à l'abri du péril ? Il n'est douteux pour personne que les gouvernants d'aujourd'hui seront en minorité demain. Le nier, c'est fermer les yeux à l'évidence. Il y a donc un intérêt commun à supprimer une arme meurtrière et déloyale dont tous les partis seront tour à tour victimes.

Le malheur veut que, dans les temps troublés, quand les ardeurs s'allument, lorsque les passions deviennent de jour en jour plus violentes, la faction dominante s'attache aux armes de lutte et refuse de s'en dépouiller. Nous avons vu de nos jours assez de gouvernements de combat pour connaître leurs mœurs et leur langage. Ils usent et abusent des lois, et, à ceux qui le leur reprochent, ils trouvent d'ordinaire quelque plaisir à adresser des récriminations personnelles. Il est si commode, quand on ne sait que répondre, de répliquer : « Vous en avez fait autant ! » et notre histoire contemporaine se répète en de telles alternatives qu'il faudrait être bien pauvre de souvenirs pour n'avoir pas à son service quelque citation qui ferme la bouche. Ceux pourtant qui se plairaient à ce jeu pourraient éprouver quelque déconvenue. Le parti libéral n'a jamais varié : il a toujours été l'adversaire de l'arbitraire administratif et il a réclamé en tout temps la suppression de l'article 10. « Mais il a gouverné, réplique-t-on ; il était maître ; il pouvait agir et qu'a-t-il fait ? » Nous ne répondrons qu'un mot : il en a proposé l'abolition.

Au ministère de la Justice, à trois reprises, la République a eu l'honneur de voir entrer un jurisconsulte qui était un de nos premiers orateurs, et, ce qui est plus rare, un grand caractère. Pendant cinq années, M. Dufaure a eu la responsabilité de la magistrature. On sait à quelle hauteur il l'a maintenue, en la respectant. Il estimait que plus le régime d'une nation était démocratique et plus l'indépendance du magistrat était nécessaire ; il voyait, dans l'avenir, le juge planant au-dessus des partis pour contenir leurs excès, réprimer les abus de pouvoir et, en toutes les querelles, assurer au droit le dernier mot. De nos lois, il était résolu à chasser l'arbitraire ; notre procédure criminelle l'alarmait, il en avait vu de près les défauts ; il voulait les corriger. A plusieurs reprises, il pensa y mettre la main : l'instabilité ministérielle semblait rendre la tâche impossible. En 1878, le calme était complet ; il assembla autour de lui une commission qu'il chargea de préparer une révision du Code d'Instruction criminelle. Dès le début, l'opinion du garde des Sceaux sur l'article 10 était faite. La commission donna, pleine satisfaction aux vues de M. Dufaure en retirant aux préfets les pouvoirs d'officiers de police judiciaire.

Voilà donc un quart de siècle qu'une réunion de jurisconsultes, de magistrats de la Cour de cassation, convoqués par le plus illustre garde des Sceaux de la République, a condamné une loi qui constitue une menace permanente à nos libertés, et ce texte de loi est intact ; il est à sa place dans nos Codes ; et, — ce qui est plus grave encore, — il s'est formé tout un parti prêt à défendre les attributions de police judiciaire des préfets qui ne trouvaient pas de défenseurs en 1878.

L'œuvre de la commission de révision, achevée en 1879, fut présentée au Sénat en novembre de la même année. Mais déjà elle avait été corrigée par le ministère Le Royer. Le projet du gouvernement enlevait aux préfets des départements les pouvoirs de l'article 10, mais, moins libéral que la commission, il les maintenait au profit du Préfet de police. Cette transaction, à peine discutée au Sénat, allait rencontrer à la Chambre un adversaire résolu. M. Ribot, fidèle à l'opinion qu'il avait soutenue dans la commission, n'eut pas de peine à rappeler les abus auxquels avait donné lieu ce texte ; il cita l'arrêt de la Cour de cassation donnant, en 1853, aux préfets tous les pouvoirs du juge d'instruction, leur accordant le droit de saisir les lettres à la poste ; il montra l'organisation de la police à Paris reposant sur les 80 commissaires de police, officiers de police judiciaire, pouvant agir régulièrement en cas de flagrant délit et sur mandats des juges ; il pressa le gouvernement de dire quel intérêt il y avait à donner les mêmes pouvoirs au Préfet de police personnellement. « Il faut choisir, dit-il avec force. Ou bien vous voulez un système régulier, loyal, la séparation des pouvoirs, l'action de la justice séparée de l'action purement politique, purement administrative : alors, à l'exemple de toutes les législations, sans exception, il vous suffit d'avoir un procureur général ayant sous ses ordres des procureurs de la République, des juges d'instruction, des commissaires de police qui, tous, en cas de flagrant délit, peuvent agir. Il n'est pas besoin de préfet de police. Ou, en dehors de ces flagrants délits, vous voulez, de cet article 10, vous faire une armé, vous voulez garder une place pour l'arbitraire [5]. » On répondit qu'il était bon de donner au Préfet de police un droit propre ; mais ni le rapporteur, ni le ministre de la Justice, ne purent le définir. La cause était jugée. Sans scrutin, et à mains levées, l'article 10 fut rejeté.

Depuis dix-neuf ans, le projet du Code d'Instruction criminelle dort dans les cartons de la Chambre des députés [6]. Comme tous les travaux législatifs qui demandent un effort et une persévérance, il est oublié. A la (in de 1901, l'arrestation, par les préfets, d'un grand nombre d'individus soupçonnés de fâcheux desseins, souleva une discussion [7] : nul ne put établir le nombre d'arrestations faites sans que les tribunaux aient été saisis, mais le ministère avoua que ces mesures de précaution avaient été prises en vertu de l'article 10. Quel est le magistrat qui aurait refusé d'ordonner les arrestations si elles étaient justifiées par des craintes légitimes, si elles reposaient sur des motifs avouables ? L'application de l'article 10, au point de vue politique, est donc injustifiable ; mais, avant de le condamner, il faut entendre ses plus sérieux partisans.

C'est à la Préfecture de police, dans les bureaux du quai des Orfèvres, que sont les derniers défenseurs de l'article 10.

Voici comment ils raisonnent :

« La magistrature, disent-ils, est lente et solennelle. Le caractère de la police est d'être rapide et alerte. Dans une agglomération de trois millions d'âmes, où 30 ou 40 000 coquins, repris de justice, vagabonds et souteneurs préparent les pires expéditions, il faut que la police se livre à une surveillance incessante, à une sorte de chasse perpétuelle ; l'arrestation doit être soudaine : il faut que tout agent ait pouvoir d'agir, de pénétrer dans les domiciles, de perquisitionner et d'arrêter. Supprimer l'article 10, l'obliger à recourir au juge, c'est le désarmer, c'est supprimer la Préfecture de police. »

Certes, la menace est grave et, si elle était juste, elle nous ferait reculer. Il y a peu d'institutions plus nécessaires que la Préfecture de police : il en est peu qui aient rendu de tels services. Il n'est pas inutile de remarquer qu'elle a eu le privilège d'être attaquée par tous les hommes de désordre et d'être défendue par tous ceux qui avaient quelque souci de l'ordre public. Il est bon qu'il y ait, dans une grande ville comme Paris, une institution qui n'ait d'autre objet que le maintien de la paix publique, qui soit armée de toutes les attributions que possède le pouvoir exécutif pour assurer la protection des personnes et des propriétés par la stricte exécution des lois. La faiblesse des hommes laisse décliner et se corrompre assez de forces pour que nous n'ayons pas l'imprudence d'affaiblir celle qui, en face des colères qui l'assaillent et de l'anarchie qui la menace, conserve à un si haut degré le sentiment de sa responsabilité.

Mais sortons des généralités : observons les faits. Chaque jour, les commissaires de police opèrent environ 150 arrestations : il s'agit de flagrants délits. Or, le droit des officiers de police judiciaire est absolu. Ils agissent dans la limite de leur compétence.

Quel est donc, dans la pratique, en dehors de la politique, l'usage qui est fait à Paris de l'article 10 ? Il ne s'applique pas aux arrestations quotidiennes ; il ne facilite pas, comme autrefois, la prolongation de détention au dépôt de la Préfecture, sans envoi au juge : les représentants les plus autorisés de la Préfecture déclarent, d'accord avec les magistrats, que toute arrestation est suivie de l'envoi immédiat du détenu au parquet [8].

Mais, s'il s'agit d'une bande, d'actes difficiles à constater, de crime de fausse monnaie, par exemple, les commissaires ont pris l'habitude de poursuivre leurs investigations et de solliciter de leur chef à la fois ses ordres et le mandat final. L'article 10 permettant tout, les bureaux ont trouvé plus simple de manier eux-mêmes cette clef qui ouvrait toutes les portes. Que la réforme soit faite et, au fond, rien d'essentiel ne changera ; l'ordre public continuera à être protégé. Les commissaires de police multiplieront les enquêtes et le service judiciaire sera organisé de façon à délivrer à toute heure les mandats que peut seul lancer un juge.

Quand un crime émeut l'opinion publique, que la police part de tous côtés à la recherche du coupable, qui a jamais soutenu qu'elle ne fût pas libre de son action, parce qu'en droit, un juge saisi de l'instruction en tenait les fils ?

Si l'on y regarde de près, toute cette querelle est sans fondement. Le véritable objet du pouvoir préfectoral, c'est l'action politique. Ce dessein désavoué, il ne reste qu'une organisation de service qu'il est facile de combiner pour la meilleure utilisation des forces [9].

Section III

On a vu l'origine et la nature du mal. Cherchons les remèdes. L'abolition nécessaire de l'article 10 n'achèvera pas la tâche. Lorsque, dans un vieux navire qui a longtemps navigué, une voie d'eau est fermée, tout n'est pas terminé et l'équipage n'a pas droit au repos. Nous nous sommes longtemps attardés sur une seule disposition de nos lois. Supposons qu'elle est abolie, et voyons ce qui, dans nos Codes, menace encore nos libertés.

L'arrestation, nous le confessons, n'est pas ce qui nous blesse : ce que nous ne pouvons admettre, c'est la détention, ne fût-elle que de quelques heures, sans intervention d'un magistrat. Si tout citoyen arrêté est conduit, aussitôt après la capture, devant un magistrat qui l'interroge, si la détention ne peut être ordonnée que par un juge, avec toutes les formes de la justice, assurément des erreurs pourront encore se produire, mais elles seront aussi rares que le permet la faillibilité humaine.

La fameuse règle de l'interrogatoire dans les vingt-quatre heures que réclamait le Tiers Etat aux Etats généraux de 1614, que proclamait l'ordonnance de 1629, et, sous la Fronde, le traité de Saint-Germain [10], a été reproduite dans le Code d'Instruction criminelle (art. 93), mais il faut donner à ce texte toute l'importance d'une garantie fondamentale [11]. L'entrée du détenu dans le cabinet du juge ne doit pas donner lieu à quelques-unes de ces mentions banales que la pratique réduit et dédaigne sous le nom d'« interrogatoire de forme. » Ce premier contact entre le magistrat et l'homme arrêté, c'est la fin de l'acte de force qui a privé un individu de sa liberté, c'est le commencement de l'œuvre de justice, c'est-à-dire de la recherche libre et désintéressée de la vérité à l'égard d'un homme qui est présumé innocent. Il doit donc être impérieusement prescrit que tout mandat ait pour effet d'amener sur-le-champ l'individu arrêté devant le juge et au plus tard dans les vingt-quatre heures. L'interrogatoire portera la date et l'heure où il aura été subi, et devra contenir, avec la vérification de l'identité et la qualification de l'infraction pénale, un résumé des charges justifiant l'arrestation.

La détention préventive n'a jamais été limitée dans sa durée. L'infinie variété des affaires empêche une loi générale de lui imposer des bornes. Et cependant, est-il possible de ne pas ouvrir un recours au détenu ? Peut-on le laisser en cellule pendant des mois sans aucun moyen de se faire entendre ? La liberté provisoire sous caution, qu'on a eu tant de peine à faire entrer dans nos lois, et que la magistrature montre tant de répugnance à faire entrer dans nos mœurs, ne dépend-elle pas entièrement de la bonne volonté du juge ? Ne convient-il pas de borner la détention par un procédé indépendant du caprice des hommes et en quelque sorte automatique ? Pourquoi ne pas donner au mandat de dépôt une durée limitée ? Le système du mandat à échéance fixe stimulerait le zèle du juge, hâterait l'instruction, marquerait publiquement le caractère exceptionnel de la détention préventive. Le juge, à la fin de l'interrogatoire, décernerait un mandat mentionnant la date à laquelle il expirera, date à laquelle l'inculpé sera ramené devant lui. Le délai ne pourra pas dépasser huit jours. Le juge pourra renouveler, en les motivant, en présence du détenu, les remises de l'interrogatoire. L'inculpé aura le droit de se pourvoir, après la seconde remise, contre l'ordonnance du juge, devant la Chambre du conseil, composée autant que possible de magistrats qui ne seront pas appelés à juger le fond de l'affaire.

L'organisation d'un recours qui puisse limiter la détention de l'inculpé serait l'innovation la plus féconde : elle modifierait l'allure par trop lente de toutes les instructions criminelles.

La reconstitution de la Chambre du conseil aurait une influence considérable. Sa compétence serait limitée aux mandats et à la liberté provisoire.

Toutes les ordonnances du juge seraient motivées et toutes celles qui touchent à la liberté pourraient être déférées à la Chambre du conseil, dont l'action ne se confondrait plus avec celle du juge, comme avant la réforme de 1856, mais serait complètement indépendante.

Ces précautions sembleraient-elles insuffisantes ? Les longues détentions préventives devraient-elles donner lieu à des recours plus efficaces ? On pourrait décider qu'après les deux premières remises, l'inculpé aurait le droit de déférer à la Chambre des mises en accusation de la Cour d'appel l'ordonnance de la Chambre du conseil. Ainsi, pour la première fois, entreraient dans nos lois des garanties sérieuses contre la prolongation de la détention préventive.

La liberté individuelle ne dépend pas uniquement de la bonté des lois criminelles. Il y a des lois civiles et des lois politiques qui y portent atteinte. S'il est vrai que cette liberté s'entende du droit d'aller où l'on veut, de fixer son domicile où il plaît, que dire des prétentions du pouvoir qui ose assigner à un citoyen une résidence ou lui défendre de s'y établir ? Il y a une année à peine, une telle allégation eût fait sourire. Nul n'eût compris d'où pouvait venir une semblable menace. En juillet 1902, elle devenait une réalité pour ces milliers de sœurs enseignantes qui, le même jour, recevaient du ministre de l'Intérieur l'injonction de quitter leur domicile légal pour se rendre en un lieu déterminé. Institutrices, elles avaient fait, au terme de la loi de 1886, une déclaration de domicile ; mandataires d'un certain nombre de pères de famille pour un service d'instruction, elles exerçaient dans la commune une véritable fonction reconnue par la loi. L'ordre qui leur était signifié et qui leur donnait huit jours pour quitter leur domicile et se rendre à la maison-mère était la plus audacieuse violation de la liberté individuelle. La lettre de cachet, cette forme antique et légendaire du despotisme d'ancien régime, ne menait pas toujours à la Bastille. L'ordre envoyé à un seigneur d'aller habiter ses terres constituait la forme la plus fréquente de la disgrâce. Qui soutiendrait que l'interdiction de séjour prononcée par nos lois pénales n'est pas une peine privative de la liberté ? Ignore-t-on que la loi italienne a fait une peine nouvelle de l'obligation d'habiter en un lieu déterminé ?

Depuis une année, nous assistons à de tels actes que l'injonction de quitter un domicile s'est trouvée comme enveloppée et perdue au milieu d'un débordement d'arbitraire. Il faut lui donner son nom : c'est une mesure de police, un fait de violence contraire à toutes nos lois. Comment s'y opposer ? Où est la sanction ? On ne peut, dit-on, déférer cet acte au Conseil d'Etat, juge des recours pour excès de pouvoir, parce que l'ordre constitue une simple menace. Oui, j'admets que le ministre a ajouté à l'illégalité le mensonge d'une menace qu'il savait inexécutable ; mais, en fait, le mal a été accompli, le préjudice souffert, les domiciles abandonnés sous le coup des ordres ministériels. « Vous deviez savoir le droit, réplique-t-on, et ne pas obéir. » Les expulsions *manu militari*, qui ont si profondément troublé nos provinces, ont répondu à ces conseils. S'il n'avait pas le droit, le pouvoir a voulu montrer qu'il avait la force. Nous ne reviendrions pas sur ces douleurs d'hier, si elles ne devaient nous enseigner ce qui nous attend demain. Contre de tels retours de fantaisies officielles, il faut que les libéraux de toutes nuances réclament unanimement des garanties, non pas des recours solennels et lents, mais une justice rapide et éclatante comme la vérité.

Comment ne pas parler ici des visites domiciliaires qui suivent le plus souvent la mise en arrestation ? La demeure est si intimement unie à l'individu, qu'il n'est pas exagéré de dire que l'inviolabilité du domicile fait partie de la liberté individuelle. Les perquisitions tondent à devenir, depuis quelques années, un des abus les plus graves. Qu'un inculpé soit extrait de sa prison, conduit sous escorte à son domicile, et qu'en sa présence un juge ou un commissaire de police, spécialement délégué, procède à l'ouverture de ses meubles et à la rédaction de procès-verbaux, rien de plus régulier et cette procédure indispensable doit être maintenue dans nos lois. Mais il n'est pas tolérable, il est contraire à toute justice, qu'un officier de police judiciaire invoque je ne sais quel prétexte, se prétende un jour délégué du pouvoir administratif, le lendemain chargé de constater une contravention fiscale relative au monopole des allumettes, pour faire ouvrir par un serrurier la chambre d'un tiers, absent et non inculpé. C'est là une violation de domicile. Une perquisition et une saisie en de telles conditions ressemblent, à s'y méprendre, aux exploits qui mènent les pillards en cour d'assises.

Une telle opération n'est pas seulement coupable ; elle est vaine. Comment n'a-t-on pas vu qu'une saisie de lettres, dans le tiroir d'un secrétaire, si elle a lieu hors de la présence du destinataire des lettres, est un non-sens ? Il n'y a de preuve de l'existence des lettres dans le meuble fouillé que si le propriétaire assiste à la découverte en personne ou par mandataire. Il faut que la loi définisse au plus tôt la perquisition [12], en fixe les formes avec précision, déclare qu'elle doit s'accomplir en présence du propriétaire, à moins que, légalement poursuivi, il ne soit en fuite. Mais, quelle que soit la rédaction des textes, quelque forte que puisse être la volonté du législateur, les prescriptions les plus solennelles ne portent pas en elles-mêmes leur sanction.

Les véritables garanties sont de deux sortes : la nullité des actes et la réparation due à la victime. Voyez ce qu'est l'*Habeas corpus* qui depuis trois siècles protège en Angleterre la liberté individuelle : la Cour du banc du roi, qui mande devant elle celui qui a ordonné la détention et le détenu, ne se borne pas, si elle annule le mandat, à élargir le prisonnier ; elle fixe les dommages-intérêts qui lui seront immédiatement versés et prend des mesures pour qu'ils soient payés par le coupable. Nous touchons ici au problème le plus grave, à la responsabilité des dépositaires du pouvoir.

En France, où nous sommes justement fiers de notre législation civile, tout ce qui touche à la responsabilité est corrompu par une idée fausse : l'irresponsabilité de l'Etat.

Les mêmes personnes qui voudraient investir l'Etat de tous les monopoles, le faire intervenir en tout, le transformer en une sorte de providence laïque distribuant à pleines mains l'argent des contribuables, s'accommodent de lois qui refusent toutes réparations aux victimes de fautes commises par l'Etat. L'erreur d'un employé du télégraphe peut causer la ruine de dix, de vingt personnes : l'impunité sera complète et nul ne proteste contre la loi qui a mis l'Etat hors du droit commun. Tous les principes du droit, tous ceux sur lesquels reposent les contrats, la première de toutes les lois naturelles, l'obligation de réparer le dommage produit par tout fait quelconque de l'homme, en un mot les règles même les plus élémentaires de la conscience sont altérées et comme déviées, lorsqu'il s'agit de la personne morale la plus puissante, de celle qui devrait offrir le modèle du respect du droit et qui donne au peuple l'exemple de sa violation. Contre ce sentiment très vulgaire des foules, il faut que l'élite des intelligences ne cesse de réagir ; il faut répéter qu'une société civilisée est celle qui ne laisse aucune force sans action, aucun droit sans recours.

Tout ce qui touche à la liberté du citoyen doit être revêtu d'une sanction très précise. Contre celui qui n'a pas amené sur-le-champ au juge l'individu arrêté, contre le magistrat qui a négligé de l'interroger dans les vingt-quatre heures, contre le juge d'instruction qui a gardé un prisonnier au-delà de la date du mandat périmé, contre le gardien de prison qui ne l'a pas mis en liberté à date fixe, il faut qu'une action en dommages-intérêts soit ouverte. C'est la seule forme pratique et précise du recours.

Le vice de nos lois est d'avoir édicté des sanctions terribles qui, en dépassant la mesure, ne devaient jamais être appliquées. Un étranger qui ouvre nos Codes peut croire que la liberté est très efficacement protégée : un chapitre a pour titre : *Des moyens d'assurer la liberté individuelle contre les détentions illégales et d'autres actes arbitraires. (Code d'Instruction criminelle, 615 à 618.)* Un autre chapitre contient huit articles sur les attentats à la liberté, édictant contre les fonctionnaires la dégradation civique, contre les ministres le bannissement. L'énormité de ces peines les rend illusoires et le texte même des articles s'applique si peu aux circonstances réelles que jamais depuis la promulgation de nos codes ils n'ont été invoqués. Il semble que le législateur se soit attaché à rendre inefficaces les armes qu'il semblait promettre aux victimes. Contrairement au vieil adage de droit, il s'est appliqué à donner et à retenir. Dans un article, il ouvre le droit à une indemnité (*Code pénal*, 117), et, dans une autre disposition, il subordonne l'action en dommages-intérêts aux complications tout à fait infranchissables de la prise à partie (*Code de Procédure civile*, 505).

Qui oserait prétendre que, depuis un siècle, à travers toutes nos révolutions, il ne s'est pas produit en France une seule atteinte à la liberté individuelle ? Non, le silence de la jurisprudence, loin d'absoudre nos lois, en est la condamnation. Il y a eu des abus et devant les plaignants aucune porte ne s'est ouverte. Toute la législation de 1808 était destinée à tromper la foule ; elle était inspirée par celui qui renvoyait toutes les plaintes à la commission instituée au Sénat pour protéger la liberté individuelle. Un siècle d'expérience nous montre la réalité. Nous avons assez mal réussi à protéger la liberté de l'individu pour avoir le droit de chercher et de vouloir d'autres méthodes !

Quand le principe de la loi est bon et que le texte offre quelques lacunes, il convient de proposer un amendement, de poursuivre une réforme de détail. En cette matière, aucune disposition ne répond aux besoins ; pas un texte qui ne soit obscur et décevant ; la jurisprudence, au lieu de les développer et de les ouvrir, s'est appliquée à les fermer. Ce n'est ni le lieu, ni le moment d'en raconter l'histoire ; on demeurerait ébahi si l'on rappelait ce qui a été fait, ce qui a été employé d'art et dépensé de forces pour défendre les fonctionnaires contre toute poursuite. Le principe supérieur qui soumet tout homme à la responsabilité de ses actes était nié pour l'agent de l'autorité. Par une étrange interversion des termes, qui semble une dérision, l'expression de « garantie constitutionnelle » n'était employée dans la jurisprudence française que pour signifier les moyens mis en œuvre pour couvrir tout dépositaire de la puissance publique. Il fallut une révolution pour abolir, comme le demandaient depuis un demi-siècle les libéraux, l'article 75 de la Constitution de l'an VIII, la seule disposition qui eût survécu à toutes nos secousses ; mais les traditions, plus fortes que les lois, constituèrent une jurisprudence qui remplaçait si exactement l'article 75 qu'il ne reste plus trace de son abolition. Grâce au Tribunal des conflits, les fonctionnaires de la République sont « garantis » contre toute poursuite ; ils sont aussi protégés que sous l'Empire.

La séparation des pouvoirs, juste en son principe, exagérée dans ses applications, aboutit à des conséquences qui effrayent tous les jurisconsultes. Elle est aggravée par des préventions d'un autre âge. Voilà plus de cent ans que les parlements sont supprimés ; mais nous vivons encore sous le souvenir et l'obsession de leur ingérence. A entendre les défenseurs des préfets, il semble que les tribunaux ne songent qu'à empêcher l'action des fonctionnaires. Il y a de vieux préjugés à l'aide desquels se rallume d'époque en époque la passion des hommes et qui semblent renaître à propos pour empêcher tout progrès. Au fond des provinces, les mots de corvée, de dîmes et de droits féodaux ont encore un sens et l'âme populaire frémit en les entendant. Les préfets montrent une aussi puérile épouvante, lorsqu'ils s'alarment des jugements par lesquels le tribunal civil s'apprête, disent-ils, à entraver l'action de l'administration.

Ne parlons ici que de la liberté individuelle, de l'inviolabilité du domicile et des saisies qui suivent les perquisitions judiciaires. Bornons à cette matière spéciale la loi qui devrait être faite sur la responsabilité des dépositaires du pouvoir à tous les degrés.

Ce qui a fait avorter depuis cent ans tous les projets de responsabilité, c'est la difficulté d'accorder aux citoyens des droits et d'empêcher qu'ils n'en abusent. Il faut que, d'une part, toutes les plaintes soient écoutées, qu'elles soient toutes recevables, et que, d'autre part, les magistrats et les fonctionnaires soient protégés contre la témérité des plaideurs ; la solution ne serait-elle pas de demander la protection nécessaire, non à des fins de non-recevoir, mais à la qualité de la juridiction saisie ?

Au cours d'une instruction criminelle, nous l'avons dit, tous les recours doivent être portés devant la Chambre du conseil et en appel devant la Chambre des mises en accusation.

En dehors d'une instruction criminelle, comment peut-on organiser un recours rapide et efficace contre tout acte constituant une atteinte à la liberté ?

En matière civile, nous avons une procédure admirable : le référé. Tout citoyen, troublé dans sa propriété, sous une forme quelconque, par un fait brutal ou par une simple menace, peut aller sur-le-champ en référer au président du tribunal. Non seulement il assigne du jour au lendemain, et, sans remise, audience lui est accordée, mais, si l'urgence est absolue, si l'objet va périr, il peut assigner d'heure à heure et se présenter au domicile du président, qui, à toute heure, rend l'ordonnance protectrice. On parle des lois étrangères ; nous n'avons rien à envier à nos voisins, quand on examine cette jurisprudence salutaire, que le Code a brièvement indiquée, qui est née à Paris de vieux usages intelligemment développés [13] et qui est, à vraiment parler, l'*Habeas corpus* des droits civils.

Pourquoi ne pas s'inspirer d'un tel modèle ? Oserait-on dénier à la liberté individuelle les garanties qu'on accorde à une propriété menacée de ruine ? Refuserait-on au président du tribunal d'intervenir en cas d'urgence ? La contrainte par corps supprimée depuis 4807, en matière commerciale, avait investi le président d'attributions protectrices dont il est à propos d'évoquer le souvenir. Tout débiteur arrêté avait le droit d'exiger que ses gardes le menassent sur-le-champ au Palais de justice à l'audience des référés et le Code de commerce ajoutait : « Si l'arrestation est faite hors des heures de l'audience, le débiteur arrêté sera conduit chez le président (art. 786). » En 1832, le Parlement jugea ces garanties encore insuffisantes et vota une disposition qui frappait d'une amende de 1000 francs, sans préjudice des dommages-intérêts, l'huissier ou garde du commerce qui se serait refusé à conduire le prisonnier en référé (art. 22 de la loi du 17 avril 1832). De pareils textes ne peuvent-ils pas être imités ? Tout n'est-il pas prévu ? Et le législateur qui voudra créer des sécurités légales pourra-t-il découvrir des formules plus précises ?

S'il s'agit enfin, non d'un acte à redresser d'urgence, mais de dommages-intérêts à réclamer pour le préjudice souffert, comment organiser la responsabilité des magistrats ? Comment ouvrir un droit, tout en prévenant l'abus ? Par quelles combinaisons simples et efficaces peut-on concilier ces intérêts opposés ?

La juridiction de la Cour d'appel nous paraît indiquée. Qui pourrait se plaindre, si la partie lésée devait dénoncer le fait et formuler sa demande en présentant requête au premier président ? Si la réponse était négative, le premier président devrait motiver son ordonnance et répondre aux griefs d'illégalité invoqués, ce qui ouvrirait au plaignant un recours devant la Chambre des requêtes de la Cour de cassation. Si la réponse était favorable, l'ordonnance renverrait le plaignant et le défendeur devant la première Chambre de la Cour d'appel.

La loi stipulerait expressément que les recours, soit en référé devant le président du tribunal, soit en dommages-intérêts devant la Cour, à raison des actes illégaux et arbitraires ayant porté atteinte à la liberté individuelle, quel que fût le fonctionnaire qui eût commis ces actes, ne pourraient être l'objet d'un conflit de juridiction, à raison du principe de la séparation des pouvoirs, et qu'en cette matière les tribunaux judiciaires seraient exclusivement compétents [14]. Poursuivre le vote d'une loi générale sur la responsabilité des magistrats est une chimère. Obtenir en une matière précise, nettement délimitée, l'affranchissement de la servitude des conflits est le seul moyen d'atteindre un résultat pratique.

Entre la conception des droits individuels et l'idée d'une justice toujours accessible, il y a une corrélation intime. Dans une société où le citoyen cherche en vain des juges, où il est renvoyé de juridictions en juridictions, sentant le droit blessé, multipliant ses plaintes et ne trouvant nul écho, les griefs s'accumulent, et, tandis que chez quelques-uns la colère éclate, la plupart se lassent d'une campagne inutile ; l'énervement et le sentiment de l'impuissance préparent le découragement et le propagent. Dans la crise que traversent les peuples modernes, et particulièrement la France, il est très nécessaire, je dirai plus, il est d'une absolue urgence, de relever les courages et de faire comprendre au citoyen ce qu'il peut tirer des lois. Faciliter aux plaignants l'accès de la justice, c'est peut-être l'œuvre la plus démocratique qui puisse être accomplie, et c'est une de celles dont les élus de la démocratie ont le moins de souci.

Le droit, dans son principe, est une force abstraite. Pour se développer, se répandre et s'emparer de l'âme des hommes, il lui faut une forme sensible. Cette forme, c'est le libre accès du prétoire ; ce sont les sanctions visibles. S'il n'y avait pas eu de juges à Berlin, est-ce que le meunier de Sans-Souci aurait eu le sentiment de son droit ? Berryer, demandant, en 1852, des juges pour châtier une violation de la propriété, s'écriait : *Forum et jus* ! Lorsque nous mesurons le rude chemin à parcourir pour obtenir justice, quand nous voyons méconnues la liberté individuelle et l'inviolabilité du domicile, quand nous sentons combien est précaire notre droit de propriété en face des perquisitions et des saisies de lettres à la poste, lorsque nous constatons que toutes les revendications sont paralysées par l'action combinée de lois inextricables interprétées par le Tribunal des conflits, notre premier mouvement est de répéter avec notre grand orateur, le mot de Tacite et de dire aux juges : Donnez-nous audience ! *Forum et jus* ! Nous avons besoin d'aller plus loin, de porter nos regards en avant, de nous élever au-dessus des jurisprudences contestables et des arrêts contradictoires pour appeler de nos vœux le jour où, — à la suite de fécondes études et sous l'impulsion de tous ceux qui respectent le droit, — entrerait en vigueur une législation protectrice, d'une forme claire comme la pensée française, et assurant enfin à la liberté individuelle ce qu'elle n'a jamais connu parmi nous : des garanties.

Notes

1.   Il faut consulter les lectures à l'Académie des Sciences morales et politiques de M. Morizot-Thibault, substitut au Tribunal de la Seine, sur l'Habeas corpus français (Comptes rendus de 1903) et l'étude qu'il a consacrée à l'Action du pouvoir sur les magistrats (in-8°, Maresq, 1902). Voyez également : la Liberté individuelle, par M. Henri Coulon, avocat à la Cour d'appel (in-8°, Marchal, 1901). Le projet de loi présenté par M. De Ramel et rapporté par M. Cornudet (de Seine-et-Oise) mériterait toute l'attention du législateur, s'il songeait moins aux passions, et plus aux véritables intérêts du pays (séance du 12 juin 1901).

2.   Depuis trois mois, nous voyons sur tout le territoire se faire des expéditions militaires contre des couvents : procureur

de la République, juge d'instruction, sous-préfet, commandant de gendarmerie, bataillon d'infanterie, arrivent de nuit devant une abbaye ; les sapeurs du génie attaquent la porte à la hache ou à la dynamite ; on fait le siège du monastère ; on le prend d'assaut ; on l'envahit et on saisit les religieux à la chapelle. C'est l'exécution pure et simple d'un mandat d'amener lancé par le juge d'instruction contre des religieux, il n'y a pas d'exemple plus frappant de ce que la violence et l'absolu peuvent tirer d'un texte de loi. Les garanties n'ont d'autre but que de limiter l'usage des lois au point où elles deviennent un intolérable abus.

3.	Voir notamment les arrêts Coëtlogon, de 1853. Dalloz périodique, 1853.

4.	Réquisitoire en date du 18 septembre 1899 (Procédure générale, p. 4). Le procureur général constate que les préfets ont agi en vertu de l'art. 10. Le recours à ce procédé était d'autant plus inutile que, le 12 août, un juge d'instruction de Paris, commis dès le matin, lançait d'autres mandats.

5.	Chambre des députés. Séance du 4 novembre 1884. Journal officiel. p. 2202.

6.	La commission semble avoir renoncé à poursuivre et à faire voter la révision. Dans le projet spécial en douze articles, rapporté par M. Cornudet le 12 juin 1901, figure l'abolition de l'article 10.

7.	M. Mirman propose l'abolition de l'article 10. Chambre des députés : séance du 4 novembre 1901.

8.	Voyez la discussion qui a eu lieu à la Société générale des Prisons. M. Puibaraud a dit : « Aujourd'hui, il n'y a pas un seul emploi de l'article 10, en matière de droit commun, qui ne soit suivi immédiatement de la tradition au parquet. » Les magistrats présents n'ont pas contesté le fait (Bulletin 1901, p. 228).

9.	Voyez, dans la même discussion, les observations de M. Ribot, qui ont jeté la lumière sur la question. (Bulletin 1901, p. 458.)

10.	Voir notre Histoire des États généraux, tome IV, p. 477.

11.	De 1808 jusqu'en 1879, il n'y a eu que deux gardes des Sceaux qui aient en l'honneur de faire respecter à Paris la règle de l'interrogatoire dans les vingt-quatre heures : M. Pasquier en 1818, et M. Dufaure, d'accord avec M. Albert Gigot, en 1878.

12.   Telle a été l'émotion produite dans le Midi par les perquisitions abusives que, dans sa séance du 30 juin, la Chambre vient de voter l'urgence sur une proposition de M. De Castelnau ayant pour objet d'interdire toute visite domiciliaire avant l'interrogatoire de l'inculpé, de subordonner à une ordonnance de la Chambre du conseil toute perquisition chez un tiers non inculpé, et d'entourer de garanties l'apposition de scellés (Journal officiel du 1er juillet, p. 2200).

13.   C'est à un grand magistrat, le président de Belleyme, que notre pays doit la formation de cette jurisprudence et la protection de nos droits. De 1828 à 1855, il n'a cessé d'appliquer et d'étendre l'usage du référé, qui est entré peu à peu dans nos mœurs.

14.   Voyez, sur ce problème qui a été étudié à fond et définitivement résolu, le remarquable rapport de M. Félix Lacoin (Bulletin de la Société générale des Prisons, 1901, p. 1176).

ISBN : 978-1723531590